Contents

Introduction

Bilingual Beginning Skills provides enjoyable practice for students in prekindergarten, kindergarten, and first grade. This easy-to-use, all-in-one resource contains 45 activities with essential skills for early learning. Each activity has an English and Spanish version. The activities may be used in any order.

Each skill is introduced using appropriate vocabulary or graphics.

Students practice the skill.

Some pages have an extra activity that students can complete on a separate sheet of paper.

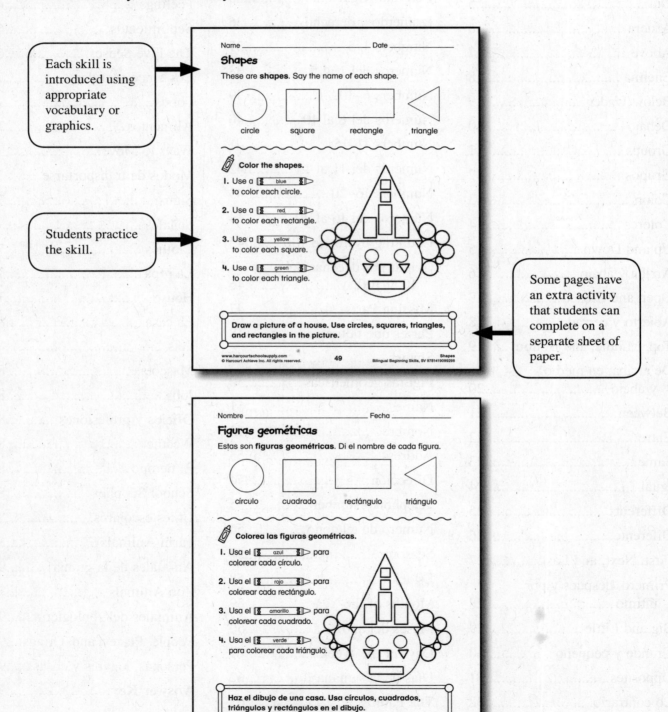

Name _____ Date _____

In

The fish is **in** the fishbowl.

~~~~~~

 Follow the directions.

1. Ring each duck that is in the water.

2. Ring each dog that is in the doghouse.

Nombre _____ Fecha _____

En

El pez está **en** la pecera.

~~~~~~

 Sigue las direcciones.

I. Encierra en un círculo cada pato que está en el agua.

2. Encierra en un círculo el perro que está en la casa.

Bilingual Beginning Skills, SV 9781419099298

Name _____ Date _____

Out

The is **out** of the bag.

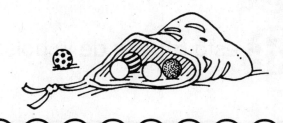

 Color the toys that are out of the box.

Nombre _____ Fecha _____

Afuera

La  está **afuera** de la bolsa.

 Colorea los juguetes que están afuera de la caja.

Bilingual Beginning Skills, SV 9781419099298

Above

The kite is **above** the tree.

 Color all the things that are above the building.

Bilingual Beginning Skills, SV 9781419099298

Encima

La cometa está **encima** del árbol.

 Colorea todas las cosas que están encima del edificio.

Bilingual Beginning Skills, SV 9781419099298

Name _____ Date _____

Below/Under

The elf is **below** the bridge.
The elf is **under** the bridge.

 Follow the directions.

1. Ring the picture that shows the cat under the chair.

---

2. Color each animal or insect that is below the ground.

Below/Under
Bilingual Beginning Skills, SV 9781419099298

Debajo

El duende está **debajo** del puente.

 Sigue las instrucciones.

1. Encierra en un círculo el dibujo que muestra el gato debajo de la silla.

2. Colorea cada animal o insecto que está debajo de la tierra.

Groups

The chair goes with the **group**.
The car does not go with the group.

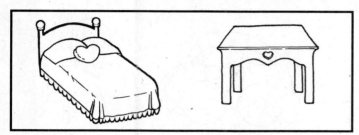  

 Which thing does not go with the group? Draw an X on it.

1.

  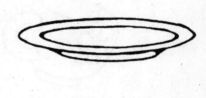

2.

  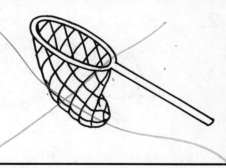

3.

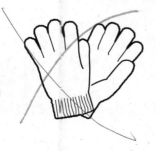  

Bilingual Beginning Skills, SV 9781419099298

Grupos

La silla es parte del **grupo**. El coche no es parte del grupo.

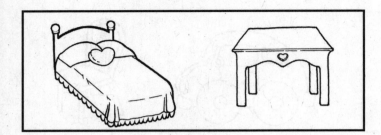  

 ¿Qué cosa no es parte del grupo? Traza una X en esta cosa.

1.

  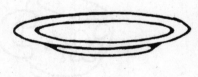

2.

  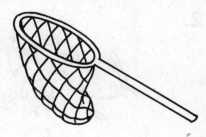

3.

Grupos
Bilingual Beginning Skills, SV 9781419099298

Colors

There are many **colors**.

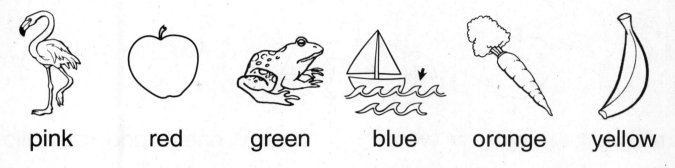

pink   red   green   blue   orange   yellow

 Follow the directions.

1. Color the pictures above. Use the colors named.

2. Read the color names. Color the picture.

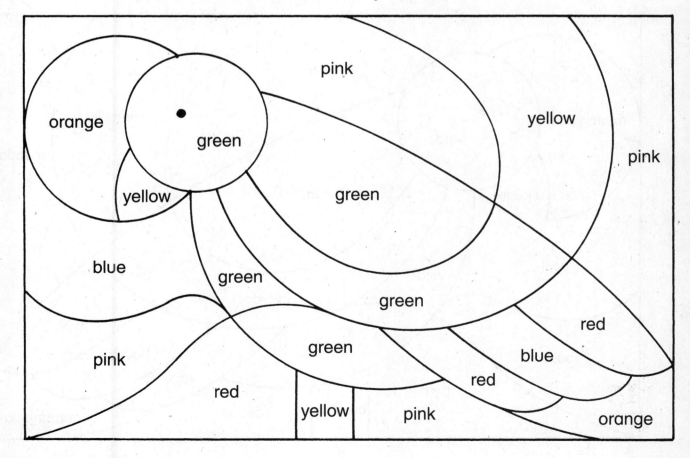

Colores

Hay muchos **colores**.

rosado   rojo   verde   azul   anaranjado   amarillo

 Sigue las direcciones.

1. Colorea los dibujos que se ven arriba. Usa los colores indicados.

2. Lee los nombres de los colores. Colorea el dibujo.

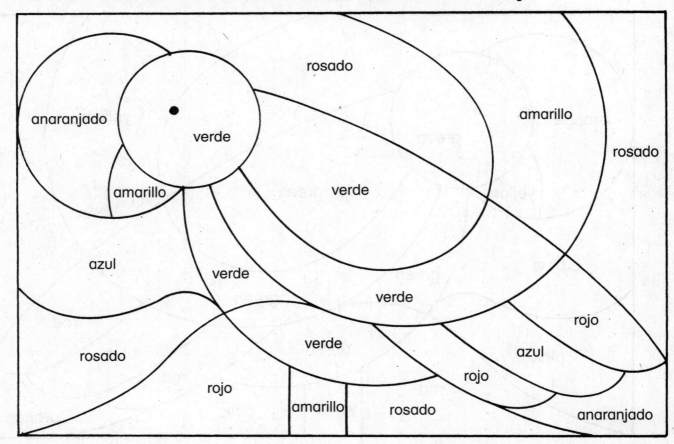

Bilingual Beginning Skills, SV 9781419099298

Name _____ Date _____

Up and Down

Two children are **up**.
Two children are **down**.

~~~~~~

 Follow the directions.

1. Ring the girl who is up. Draw an X on the girl who is down.

2. Ring the duck that is up. Draw an X on the duck that
is down.

3. Ring the balloon that is up. Draw an X on the balloon that
is down.

Up and Down
Bilingual Beginning Skills, SV 9781419099298

Arriba y abajo

Dos niñas están **arriba**.
Dos niños están **abajo**.

 Sigue las instrucciones.

1. Encierra en un círculo la niña que está arriba. Traza una X
en la niña que está abajo.

---

2. Encierra en un círculo el pato que está arriba. Traza una X
en el pato que está abajo.

---

3. Encierra en un círculo el globo que está arriba. Traza una X
en el globo que está abajo.

Open and Closed

The window is **open**.

The window is **closed**.

 Ring the correct answer.

1.

The box is _____.
open   **closed**

2.

The door is _____.
open   **closed**

3.

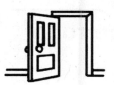

The book is _____.
open   **closed**

Find two things that are open and two things that are closed in the classroom.

Open and Closed
Bilingual Beginning Skills, SV 9781419099298

Abierto y cerrado

La ventana está **abierta**.

La ventana está **cerrada**.

 Encierra en un círculo la respuesta correcta.

1.

La caja está _____.

abierta   cerrada

2.

La puerta está _____.

abierta   cerrada

3.

El libro está _____.

abierto   cerrado

Busca dos cosas que estén abiertas y dos cosas que estén cerradas en el salón de clase.

www.harcourtschoolsupply.com
18
Abierto y cerrado
Bilingual Beginning Skills, SV 9781419099298

Name _____ Date _____

Top, Middle, and Bottom

There is a box on the **bottom**.
There is a box in the **middle**.
There is a box on **top**.

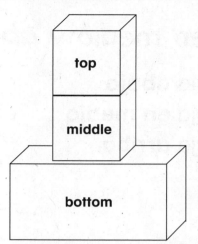

 Follow the directions.

1. Draw a 🚚 on the bottom shelf.

2. Draw a ⛵ on the top shelf.

3. Draw a ⚾ on the middle shelf.

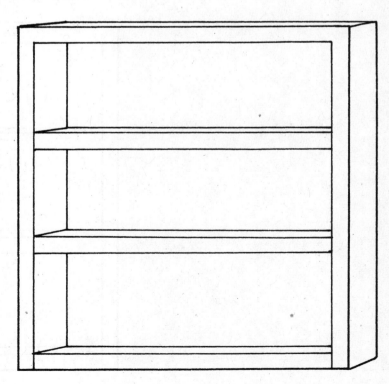

Bilingual Beginning Skills, SV 9781419099298

Arriba, en medio y abajo

Hay una caja **abajo**.
Hay una caja **en medio**.
Hay una caja **arriba**.

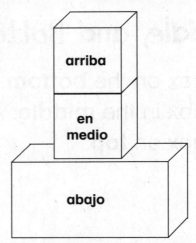

 Sigue las instrucciones.

1. Haz un dibujo de un en el estante de abajo.

2. Haz un dibujo de un en el estante de arriba.

3. Haz un dibujo de un ⚾ en el estante de en medio.

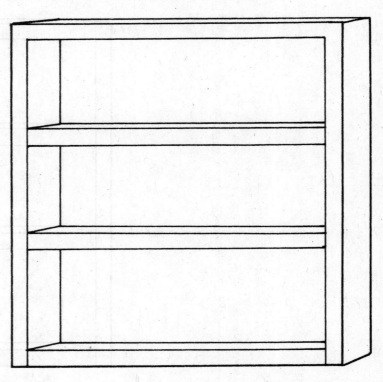

Arriba, en medio y abajo
Bilingual Beginning Skills, SV 9781419099298

Name _____ Date _____

Between

The carrot is **between**
the corn and the pumpkin.

〜〜〜〜〜〜〜〜〜〜〜〜〜〜〜〜〜〜〜〜〜

 Follow the directions.

I. What is between the and the ?
Ring the picture.

---

2. What is between the 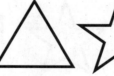 and the ? Ring the picture.

---

3. Draw a ball between the bear and the train.

Bilingual Beginning Skills, SV 9781419099298

Entre

La zanahoria está **entre** el maíz y la calabaza.

~~~~~~

 Sigue las instrucciones.

1. ¿Qué hay entre el y el ? Encierra en un círculo el dibujo.

---

2. ¿Qué hay entre el y el ? Encierra en un círculo el dibujo.

   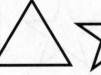

---

3. Haz el dibujo de una pelota entre el osito y el tren.

Bilingual Beginning Skills, SV 9781419099298

Same

These horses are the **same.**

 Which hats are the same? Draw lines.

1.

A.

2.

B.

3.

C.

4.

D.

Same
Bilingual Beginning Skills, SV 9781419099298

Igual

Estos caballos son **iguales**.

 ¿Cuáles sombreros son iguales? Traza líneas.

I.    **A.**

2.    **B.**

3.    **C.**

4.    **D.**

Bilingual Beginning Skills, SV 9781419099298

Different

These horses are **different**.

~~~~~~

 Follow the directions.

1. Color the apple that is different.

2. Color the toy that is different.

3. Color the butterfly that is different.

  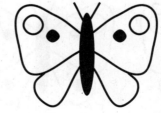 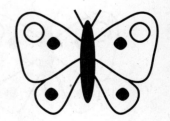

Diferente

Estos caballos son **diferentes**.

 Sigue las instrucciones.

1. Colorea la manzana que es diferente.

2. Colorea el juguete que es diferente.

3. Colorea la mariposa que es diferente.

  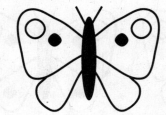 

First, Next, and Last

The pictures show what happens **first**, **next**, and **last**.

first   **next**   **last**

 Draw an **X** on what happens first. Ring what happens next. Draw a box around what happens last.

1.

2.

Think of how you do something. Explain what you do first, next, and last.

Primero, después y por último

Los dibujos muestran lo que sucede **primero**, **después** y **por último**.

primero   **después**   **por último**

 Traza una X̲ en lo que sucede primero. Encierra en un círculo lo que sucede después. Traza un cuadro alrededor de lo que sucede por último.

1.

2.

Piensa en cómo haces algo. Explica lo que haces primero, después y por último.

Name _____   Date _____

Big and Little

The lion is **big**.
The mouse is **little**.

little   big

~~~~~~

 Follow the directions.

1. Use a [green]
   to color the big turtle.
   Use a [yellow]
   to color the little turtle.

2. Use a [white]
   to color the big duck.
   Use a [yellow]
   to color the little duck.

3. Use a [brown]
   to color the two big dogs.
   Use a [black]
   to color the two little dogs.

Grande y pequeño

El león es **grande**.
El ratón es **pequeño**.

 Sigue las instrucciones.

1. Usa un [§ verde §]
para colorear la tortuga grande.

Usa un [§ amarillo §]
para colorear la tortuga pequeña.

2. Usa un [§ blanco §]
para colorear el pato grande.

Usa un [§ amarillo §]
para colorear el pato pequeño.

3. Usa un [§ café §]
para colorear los dos perros grandes.

Usa un [§ negro §]
para colorear los dos perros pequeños.

www.harcourtschoolsupply.com
30
Grande y pequeño
Bilingual Beginning Skills, SV 9781419099298

Name _____   Date _____

Opposites

The woman is short. The giant is tall.
Short and tall are **opposites**.

tall

short

 What is the opposite? Draw lines.

I.

2.

3.

4.

A.

B.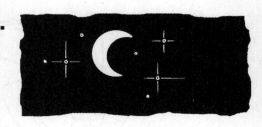

C.

D.

Opposites
Bilingual Beginning Skills, SV 9781419099298

Lo contrario

La mujer es baja. El gigante es alto.
Baja es lo **contrario** de alto.

 ¿Cuál es lo contrario? Traza líneas.

1.

A.

2.

B.

3.

C.

4.

D.

Lo contrario
Bilingual Beginning Skills, SV 9781419099298

Name _____   Date _____

Beginning, Middle, and End

Stories have a **beginning**, **middle**, and **end**.

| **beginning** | **middle** | **end** |

 Cut out the pictures. Paste them in the correct order.

beginning	**middle**	**end**

Beginning, Middle, and End
Bilingual Beginning Skills, SV 9781419099298

Principio, medio y fin

Los cuentos tienen un **principio**, un **medio** y un **fin**.

| principio | medio | fin |

 Recorta los dibujos. Pégalos en el orden correcto.

| principio | medio | fin |

www.harcourtschoolsupply.com
34
Principio, medio y fin
Bilingual Beginning Skills, SV 9781419099298

Name _____ Date _____

Left and Right

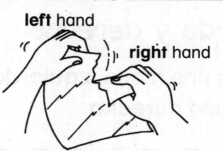

You have a **left** hand
and a **right** hand.

 Follow the directions.

1. Use a [blue] to color the buildings
   on the left side of the street.

2. Use a [green] to color the buildings
   on the right side of the street.

Trace your left hand on a sheet of paper. Write <u>left</u> on this drawing. Trace your right hand on another sheet of paper. Write <u>right</u> on this drawing.

Izquierdo y derecho

mano **izquierda**

mano **derecha**

Tú tienes una mano **izquierda**
y una mano **derecha**.

 Sigue las instrucciones.

1. Usa un [azul] para colorear los edificios
al lado izquierdo de la calle.

2. Usa un [verde] para colorear los edificios
al lado derecho de la calle.

**Traza tu mano izquierda en una hoja de papel. Escribe
izquierda en este dibujo. Traza tu mano derecha en otra
hoja de papel. Escribe derecha en este dibujo.**

Numbers 1–5

Use the numbers 1, 2, 3, 4, and 5 to count.

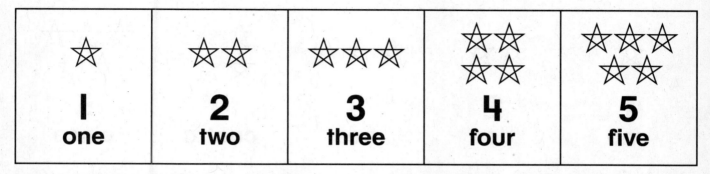

1 one	2 two	3 three	4 four	5 five

 Count how many. Answer the questions. Write the numbers.

1. How many raindrops are there? _____

2. How many boxes are there? _____

3. How many bees are there? _____

4. How many balloons are there? _____

5. How many clowns are there? _____

Bilingual Beginning Skills, SV 9781419099298

Números del 1 al 5

Usa los números **1, 2, 3, 4** y **5** para contar.

☆	☆☆	☆☆☆	☆☆ ☆☆	☆☆☆ ☆☆
1	**2**	**3**	**4**	**5**
uno	dos	tres	cuatro	cinco

 Cuenta cuántos hay. Contesta las preguntas. Escribe los números.

1. ¿Cuántas gotas de lluvia hay? _____

2. ¿Cuántas cajas hay? _____

3. ¿Cuántas abejas hay? _____

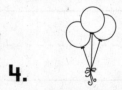

4. ¿Cuántos globos hay? _____

5. ¿Cuántos payasos hay? _____

Bilingual Beginning Skills, SV 9781419099298

Numbers 6–10

Use the numbers **6**, **7**, **8**, **9**, and **10** to count.

△△△ △△△ **6** six	△△△△ △△△ **7** seven	△△△△ △△△△ **8** eight	△△△△△ △△△△ **9** nine	△△△△△ △△△△△ **10** ten

 Color the pictures.

1. Color 7 .

2. Color 6 .

3. Color 9 .

4. Color 8 .

5. Color 10 .

Numbers 6–10
 Bilingual Beginning Skills, SV 9781419099298

Números del 6 al 10

Usa los números **6**, **7**, **8**, **9** y **10** para contar.

△△△ △△△ **6** seis	△△△△ △△△ **7** siete	△△△△ △△△△ **8** ocho	△△△△△ △△△△ **9** nueve	△△△△△ △△△△△ **10** diez

 Colorea los dibujos.

1. Colorea 7 .

2. Colorea 6 .

3. Colorea 9 .

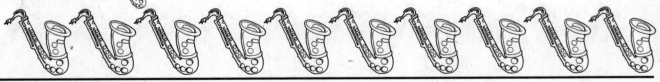

4. Colorea 8 .

5. Colorea 10 .

Bilingual Beginning Skills, SV 9781419099298

Name _____   Date _____

Numbers 11–15

Use the numbers **11**, **12**, **13**, **14**, and **15** to count.

○○○○○ ○○○○○ ○	○○○○○ ○○○○○ ○○	○○○○○ ○○○○○ ○○○	○○○○○ ○○○○○ ○○○○	○○○○○ ○○○○○ ○○○○○
11 eleven	**12** twelve	**13** thirteen	**14** fourteen	**15** fifteen

How many of each thing are in the picture? Write the number.

1. _____

2. _____

3. _____

4. _____

5. _____

Numbers 11–15
Bilingual Beginning Skills, SV 9781419099298

Números del 11 al 15

Usa los números 11, 12, 13, 14 y 15 para contar.

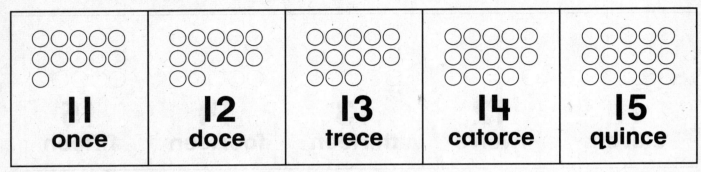

| 11 once | 12 doce | 13 trece | 14 catorce | 15 quince |

 ¿Cuántas hay de cada cosa en el dibujo?
Escribe el número.

1. _____

2. _____

3. _____

4. _____

5. _____

Bilingual Beginning Skills, SV 9781419099298

Numbers 16–20

Use the numbers **16**, **17**, **18**, **19**, and **20** to count.

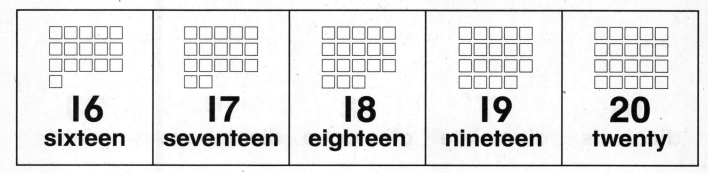

| 16 sixteen | 17 seventeen | 18 eighteen | 19 nineteen | 20 twenty |

 Count the leaves. Ring the correct number.

1.

16   17   18   19   20

2.

16   17   18   19   20

3.

16   17   18   19   20

4.

16   17   18   19   20

5.

16   17   18   19   20

Números del 16 al 20

Usa los números **16**, **17**, **18**, **19** y **20** para contar.

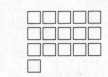 **16** diecISÉIS	**17** diecisiete	**18** dieciocho	**19** diecinueve	 **20** veinte

 Cuenta las hojas. Encierra en un círculo el número correcto.

1.

16   17   18   19   20

2.

16   17   18   19   20

3.

16   17   18   19   20

4.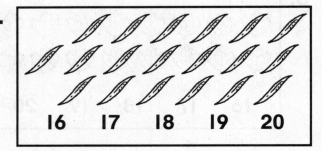

16   17   18   19   20

5.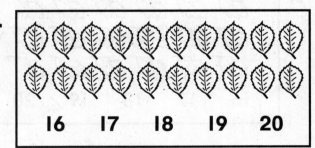

16   17   18   19   20

Bilingual Beginning Skills, SV 9781419099298

Counting by 10s to 100

You can **count by 10s to 100**.

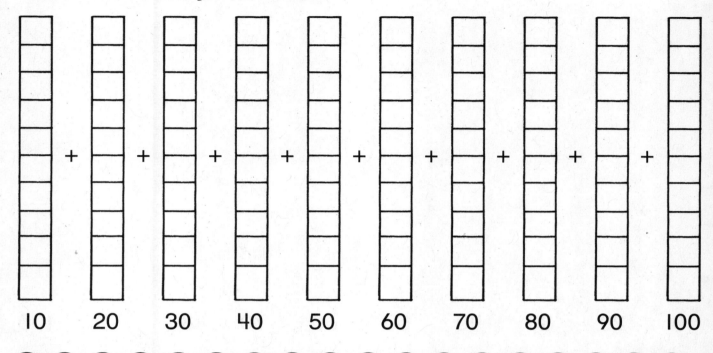

| 10 | 20 | 30 | 40 | 50 | 60 | 70 | 80 | 90 | 100 |

Connect the dots in the correct order. Begin at 10 and end at 100.

Counting by 10s to 100
Bilingual Beginning Skills, SV 9781419099298

Contar por decenas del 10 al 100

Puedes **contar por decenas del 10 al 100**.

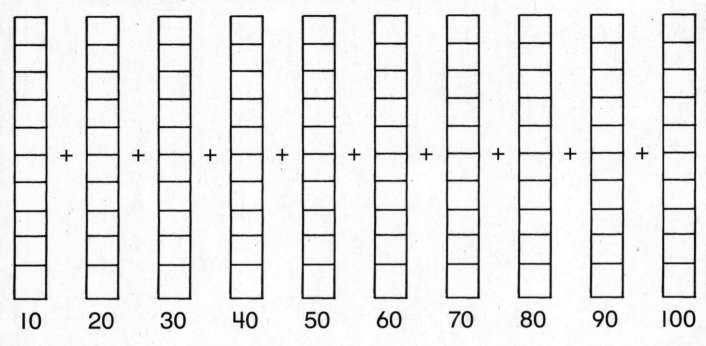

10   20   30   40   50   60   70   80   90   100

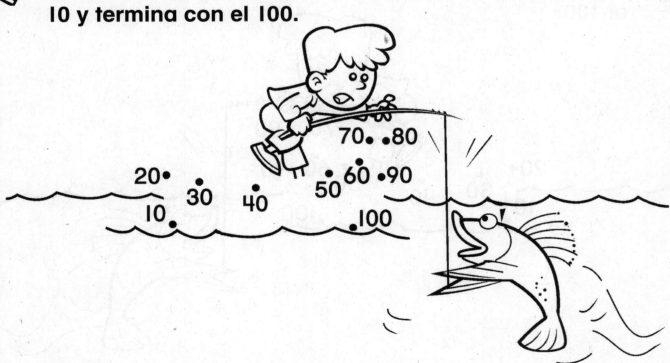

Conecta los puntos en el orden correcto. Comienza con el 10 y termina con el 100.

Name _____ Date _____

Missing Parts

An ear, an eye, and a mouth
are **missing**.

~~~~~~

 **Make the second toy look like the first toy. Draw the
missing part.**

1.

2.

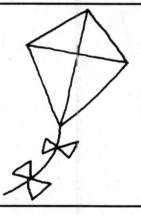 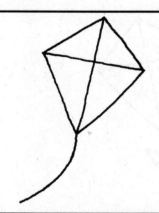

3.

Missing Parts
Bilingual Beginning Skills, SV 9781419099298

Partes que faltan

Faltan una oreja,
un ojo y la boca.

 Haz que el segundo juguete se vea como el primero.
Dibuja la parte que falta.

1.

2.

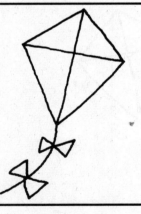 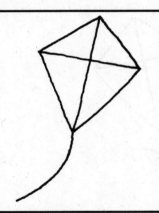

3.

Shapes

These are **shapes**. Say the name of each shape.

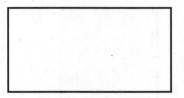

circle   square   rectangle   triangle

 Color the shapes.

1. Use a [blue] to color each circle.

2. Use a [red] to color each rectangle.

3. Use a [yellow] to color each square.

4. Use a [green] to color each triangle.

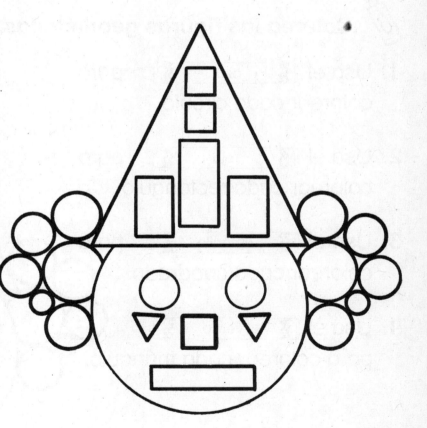

Draw a picture of a house. Use circles, squares, triangles, and rectangles in the picture.

49   **Shapes**
Bilingual Beginning Skills, SV 9781419099298

Figuras geométricas

Estas son **figuras geométricas**. Di el nombre de cada figura.

   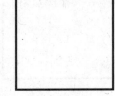   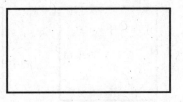   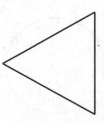

círculo   cuadrado   rectángulo   triángulo

 Colorea las figuras geométricas.

1. Usa el ⟦ azul ⟧ para colorear cada círculo.

2. Usa el ⟦ rojo ⟧ para colorear cada rectángulo.

3. Usa el ⟦ amarillo ⟧ para colorear cada cuadrado.

4. Usa el ⟦ verde ⟧ para colorear cada triángulo.

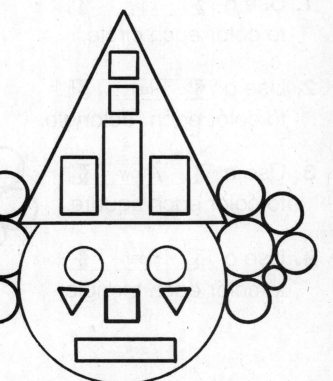

Haz el dibujo de una casa. Usa círculos, cuadrados, triángulos y rectángulos en el dibujo.

Name

Every person has a **name**.

My **first name** is Ana.
My **last name** is Cruz.

My **first name** is Todd.
My **last name** is Jones.

 Complete these sentences about you.

_____
- -

1. My first name is _____.

- -

2. My last name is _____.

- -

3. My friend's first name is _____.

- -

4. My friend's last name is _____.

Nombre

Cada persona tiene un **nombre**.

Mi **primer nombre** es Ana.
Mi **apellido** es Cruz.

Mi **primer nombre** es Pablo.
Mi **apellido** es Navarro.

 Completa estas oraciones sobre ti.

_____

- -

1. Mi primer nombre es _____.

_____

- -

2. Mi apellido es _____.

3. El primer nombre de mi amigo o amiga es

_____

- -

_____

4. El apellido de mi amigo o amiga es

_____

- -

_____

Address

Alex sent Daniel a letter.

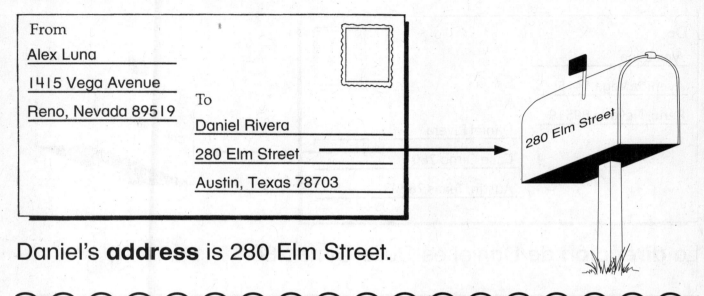

Daniel's **address** is 280 Elm Street.

~~~~~~

 Follow the directions.

1. Write your name and address under **From**.
2. Write a friend's name and address under **To**.

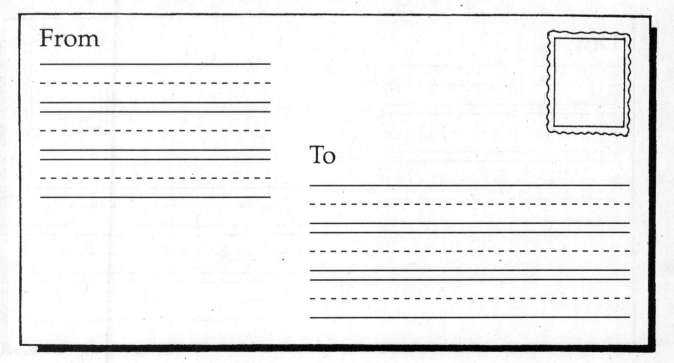

Dirección

Alex le envió una carta a Daniel.

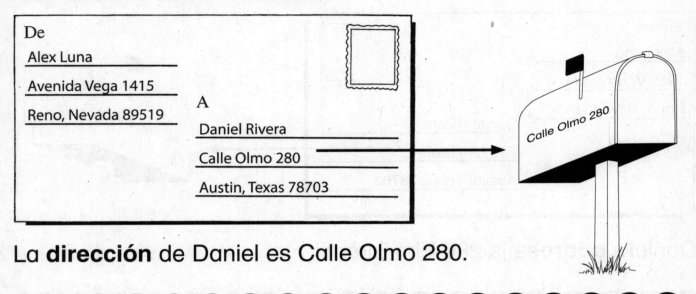

La **dirección** de Daniel es Calle Olmo 280.

 Sigue las instrucciones.

1. Escribe tu nombre y dirección bajo **De**.
2. Escribe el nombre y la dirección de un amigo o amiga bajo **A**.

Telephone Number

Every telephone has a **telephone number**.

My **telephone number** is 555-2468.

My friend's **telephone number** is 555-0808.

 Follow the directions.

1. Color the buttons for the numbers in your telephone number.

2. Complete the sentences.
My telephone number is

_____

- -

_____.

My friend's telephone number is

_____

- -

_____.

Número de teléfono

Cada teléfono tiene un **número de teléfono**.

Mi **número de teléfono** es el 555-2468.

El **número de teléfono** de mi amigo es el 555-0808.

 Sigue las instrucciones.

1. Colorea los botones de los números de tu número de teléfono.

2. Completa las oraciones.
   Mi número de teléfono es el

   _____

   -

   _____ .

   El número de teléfono de mi amigo o amiga es el

   _____

   -

   _____ .

Bilingual Beginning Skills, SV 9781419099298

Seasons

There are four **seasons** in a year.

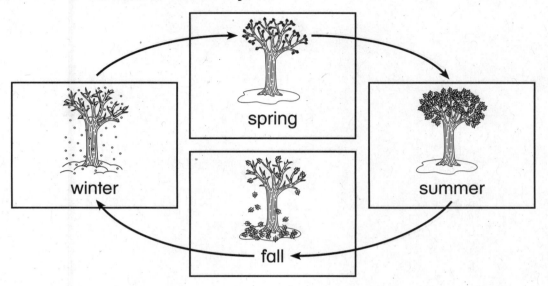

~~~~~~

 Cut out the pictures. Paste what children do in the correct season.

spring	**summer**	**fall**	**winter**

Bilingual Beginning Skills, SV 9781419099298

Estaciones

Hay cuatro **estaciones** del año.

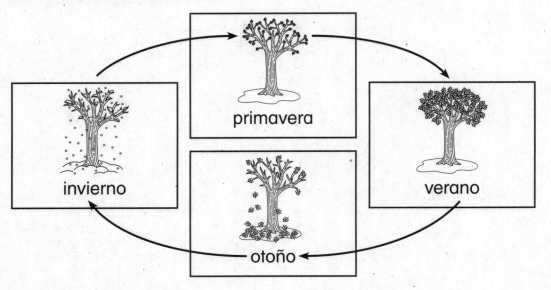

primavera

invierno

otoño

verano

 Recorta los dibujos. Pega lo que hacen los niños en la estación correcta.

primavera	verano	otoño	invierno

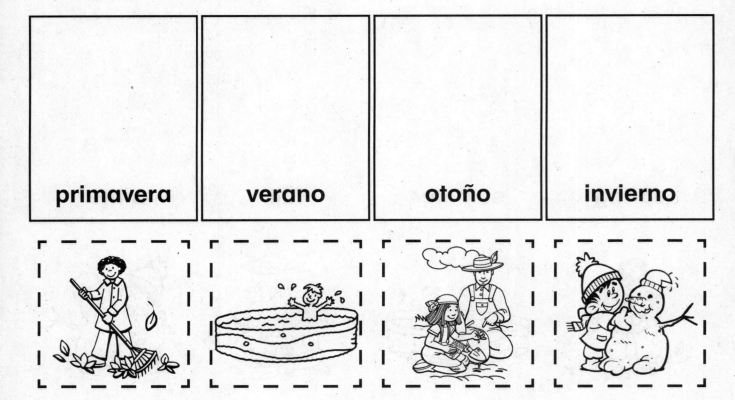

Name _____   Date _____

Months of the Year

These are the **months** of the year.

~~~~~~

 Complete the names of the months in each season.

1.

spring

M _____ _____ ch

Apr _____ _____

M _____ y

2.

summer

J _____ n _____

J _____ _____ y

A _____ gu _____ _____

3.

fall

S _____ p _____ e _____ ber

O _____ tob _____ r

No _____ emb _____ _____

4.

winter

D _____ c _____ _____ ber

J _____ nu _____ _____ y

Fe _____ ruar _____

Months of the Year
Bilingual Beginning Skills, SV 9781419099298

Nombre _____   Fecha _____

Meses del año

Éstos son los **meses** del año.

~~~~~~

 Completa los nombres de los meses de cada estación del año.

I.

primavera

m _____ _____ zo

abr _____ _____

m _____ yo

2.

verano

j _____ n _____ o

jul _____ _____

ag _____ _____ to

3.

otoño

s _____ p _____ ie _____ bre

o _____ tub _____ e

no _____ i _____ mb _____ e

4.

invierno

d _____ ci _____ mb _____ e

en _____ r _____

feb _____ _____ ro

Name _____   Date _____

Days of the Week

These are the **days** of the week.

March						
Sunday	Monday	Tuesday	Wednesday	Thursday	Friday	Saturday
		1	2	3	4	5
6	7	8	9	10	11	12

 Cut out the days of the week. Paste them in the correct place on the calendar.

Friday	Wednesday	Monday	Sunday	Tuesday	Saturday	Thursday

September

			1	2	3	4
5	6	7	8	9	10	11
12	13	14	15	16	17	18
19	20	21	22	23	24	25
26	27	28	29	30		

Days of the Week
Bilingual Beginning Skills, SV 9781419099298

Nombre _____   Fecha _____

Días de la semana

Éstos son los **días** de la semana.

 Recorta los días de la semana. Pégalos en el orden correcto en el calendario.

| Viernes | Miércoles | Lunes | Domingo | Martes | Sábado | Jueves |

Septiembre

			1	2	3	4
5	6	7	8	9	10	11
12	13	14	15	16	17	18
19	20	21	22	23	24	25
26	27	28	29	30		

Bilingual Beginning Skills, SV 9781419099298

The Family

Many **families** have a mother, father, sister, and brother.

father brother
mother
sister

 Which word goes in each blank? Draw lines.

Mr. Mora
Mrs. Mora
Carlos
Sara
Daniel   Ana

1. Carlos is Sara's _____.   **A.** father

2. Mrs. Mora is Daniel's _____.   **B.** brother

3. Ana and Sara are _____.   **C.** brothers

4. Mr. Mora is Ana's _____.   **D.** mother

5. Daniel and Carlos are _____.   **E.** sisters

Draw a picture of your family. Under each person, write the word that tells who the person is in your family.

Nombre _____   Fecha _____

La familia

En muchas **familias** hay un padre,
una madre, una hermana y un hermano.

 ¿Qué palabra va en cada espacio en blanco?
Traza líneas.

1. Carlos es _____ de Sara.   **A.** el padre

2. La señora Mora es _____ de Daniel.   **B.** el hermano

3. Ana y Sara son _____.   **C.** hermanos

4. El señor Mora es _____ de Ana.   **D.** la madre

5. Daniel y Carlos son _____.   **E.** hermanas

Haz un dibujo de tu familia. Debajo de cada persona, escribe la palabra que dice lo que es la persona en tu familia.

Bilingual Beginning Skills, SV 9781419099298

Parts of the Body

The arm, hand, finger, leg, foot, and toe are **parts of the body**.

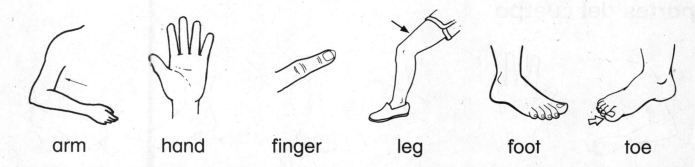

| arm | hand | finger | leg | foot | toe |

 Cut out the words. Paste them where they belong.

| toes | arm | leg | fingers | foot | hand |

1.
2.
3.
4.
5.
6.

Partes del cuerpo

El brazo, la mano, el dedo, la pierna, el pie y el dedo del pie son **partes del cuerpo**.

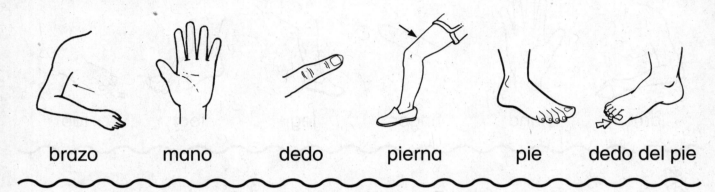

| brazo | mano | dedo | pierna | pie | dedo del pie |

 Recorta las palabras. Pégalas donde correspondan.

| dedos del pie | brazo | pierna | dedos | pie | mano |

1.
2.
3.
4.
5.
6.

Partes del cuerpo
Bilingual Beginning Skills, SV 9781419099298

Name _____ Date _____

Feelings

You can be happy, angry, afraid, or sad. These are **feelings**.

 happy

 angry

 afraid

 sad

 How would you feel if you saw these things? Draw lines.

1.

2.

3.

4.

A. angry

B. happy

C. afraid

D. sad

Make faces that show feelings. Ask someone to guess the feelings you are showing.

Bilingual Beginning Skills, SV 9781419099298

Nombre _____ Fecha _____

Sentimientos

Puedes estar contento, enojado, asustado o triste. Estos son **sentimientos**.

contento   enojado   asustado   triste

 ¿Cómo te sentirías al ver estas cosas? Traza líneas.

1.

A. enojado

2.

B. contento

3.

C. asustado

4.

D. triste

Haz muecas que muestren sentimientos. Pide a alguien que adivine los sentimientos que muestres.

Bilingual Beginning Skills, SV 9781419099298

Name _____ Date _____

The Five Senses

You use your **five senses** to see, smell, hear, taste, and touch.

    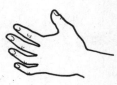

see   smell   hear   taste   touch

 Cut out the words. Paste them where they belong.

| _hear_ | _touch_ | _taste_ | _see_ | _smell_ |

1. [ ]

2. [ ]

3. [ ]

5. [ ]

4. [ ]

The Five Senses
Bilingual Beginning Skills, SV 9781419099298

Los cinco sentidos

Usas los **cinco sentidos** para ver, oler, oír, probar y tocar.

             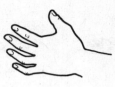

ver   oler   oír   probar   tocar

 Recorta las palabras. Pégalas donde correspondan.

| oír | tocar | probar | ver | oler |

1.

2.

3.

5.

4.

Los cinco sentidos
Bilingual Beginning Skills, SV 9781419099298

Foods

People should eat healthy **foods**.

 Ring each healthy food.

vegetables

soda

fruits

nuts

salad

cake

milk

candy

Alimentos

La gente debe comer **alimentos** saludables.

 Encierra en un círculo cada alimento saludable.

refresco

frutas

verduras

nueces

ensalada

pastel

leche

dulce

Name _____   Date _____

Ways to Move

These are some **ways to move** from one place to another.

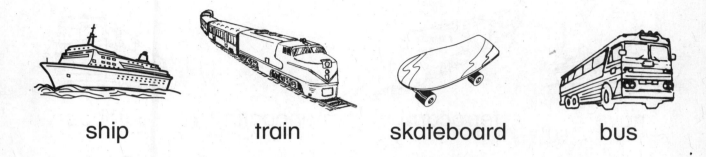

ship   train   skateboard   bus

 Follow the directions.

1. Use a 〖 brown 〗 to color each way to move on land.
2. Use a 〖 blue 〗 to color each way to move in the air.
3. Use a 〖 green 〗 to color each way to move on water.

Bilingual Beginning Skills, SV 9781419099298

Modos de transportarse

Estos son algunos **modos de transportarse** de un lugar a otro.

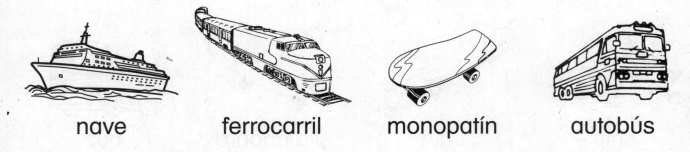

| nave | ferrocarril | monopatín | autobús |

 Sigue las instrucciones.

1. Usa un [café] para colorear cada modo de transportarse por tierra.

2. Usa un [azul] para colorear cada modo de transportarse por el aire.

3. Usa un [verde] para colorear cada modo de transportarse por agua.

Bilingual Beginning Skills, SV 9781419099298

Signs

Signs give us information.

 This sign tells us how fast we can drive a car.

 This sign tells us where we can have a picnic.

 This sign tells us we can cross the street.

 What does each sign tell us? Draw lines.

1.

2.

3.

4.

A. Do not bring dogs here.

B. A bus stops here.

C. Do not walk.

D. Leave the building here.

Nombre _____ Fecha _____

Señales

Las **señales** nos dan información.

 Esta señal nos indica qué tan rápido podemos manejar un automóvil.

 Esta señal nos indica dónde podemos hacer un picnic.

 Esta señal nos indica que podemos cruzar la calle.

 ¿Qué nos indica cada señal? Traza líneas.

1.

A. Aquí no se permiten perros.

2.

B. Aquí hay parada de autobús.

3.

C. No cruce.

4.

D. Por aquí se sale del edificio.

Señales
Bilingual Beginning Skills, SV 9781419099298

Clothes

People wear **clothes**.

coat   shorts   sweater   shirt

mittens   cap   shoes

 Follow the directions.

1. Use a 〚 yellow 〛 to color the clothes you wear when it is hot outside.
2. Use a 〚 brown 〛 to color the clothes you wear when it is cold outside.

 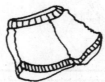 

Think of things you do in each season of the year. Name the clothes you wear when you do each thing.

Nombre _____   Fecha _____

La ropa

La gente se pone **ropa**.

abrigo

pantalones
cortos

suéter

camisa

mitones

gorra

zapatos

 Sigue las instrucciones.

1. Usa un [amarillo] para colorear la ropa que te pones cuando hace calor afuera.

2. Usa un [café] para colorear la ropa que te pones cuando hace frío afuera.

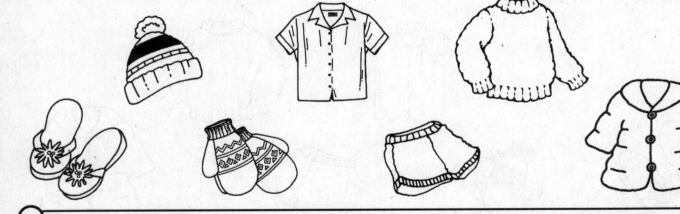

Piensa en cosas que haces en cada estación del año. Di los nombres de las prendas de ropa que usas cuando haces cada cosa.

House

A **house** has many rooms.

kitchen

living room

bedroom

bathroom

 Where do you do each thing? Draw lines.

I.

2.

3.

4.

A.

B.

C.

D.

Bilingual Beginning Skills, SV 9781419099298

La casa

Hay muchos cuartos en una **casa**.

cocina

sala

recámara

cuarto
de baño

 ¿Dónde se hace cada cosa? Traza líneas.

I.

A.

2.

B.

3.

C.

4.

D.

Name _____   Date _____

Pets

There are many kinds of **pets**.

dog

cat

fish

bird

 Read the questions. Count the animals at the bottom of the page. Write the correct numbers.

1. How many  ?

_____

2. How many ?

_____

3. How many 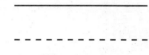 ?

_____

4. How many ?

_____

Pets
Bilingual Beginning Skills, SV 9781419099298

Mascotas

Hay muchos tipos de **mascotas**.

perro   gato   pez   pájaro

 Lee las preguntas. Cuenta los animales en el pie de la página. Escribe los números correctos.

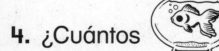

1. ¿Cuántos 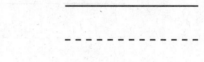 ?   _____

2. ¿Cuántos ? _____

3. ¿Cuántos ? _____

4. ¿Cuántos ? _____

Jobs

Workers have **jobs**. There are many different jobs.

mail carrier

baker

librarian

pilot

 Where do these workers do their job? Draw lines.

I.
carpenter

A.

2.
firefighter

B.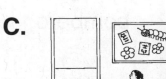

3.
nurse

C.

4.
teacher

D.

Bilingual Beginning Skills, SV 9781419099298

Nombre _____ Fecha _____

Oficios y profesiones

Los trabajadores tienen **oficios y profesiones**. Hay diversos oficios y profesiones.

cartera

panadero

bibliotecaria

piloto

 ¿Dónde practican estos trabajadores su oficio o profesión? Traza lineas.

I.
carpintero

A.

2.
bombero

B.

3.
enfermera

C.

4.
maestro

D.

www.harcourtschoolsupply.com
84
Oficios y profesiones
Bilingual Beginning Skills, SV 9781419099298

Name _____ Date _____

Weather

The **weather** changes.
It can be hot or cold.
It can be warm or cool.

It is cold.   It is hot.

 What would you do? Draw lines.

1.

2.

3.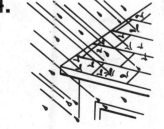

4.

A.

B.

C.

D.

Bilingual Beginning Skills, SV 9781419099298

El tiempo

El **tiempo** cambia.
Puede hacer calor o frío.
Puede ser caluroso o fresco.

Hace frío.   Hace calor.

 ¿Qué harías tú? Traza líneas.

I.

A.

2.

B.

3.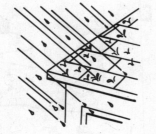

C.

4.

D.

El tiempo
Bilingual Beginning Skills, SV 9781419099298

Name _____ Date _____

School Supplies

Students use many
school supplies.

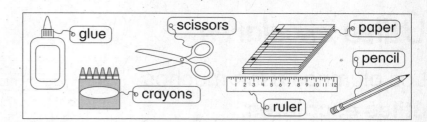

 Complete the sentences.

1. I use a _____ ruler _____ to measure.

2. I use _____ to color.

3. I use _____ to cut.

4. I use _____ to paste.

5. I use paper and a _____
   to write.

Bilingual Beginning Skills, SV 9781419099298

Nombre _____ Fecha _____

Útiles escolares

Los alumnos usan muchos
útiles escolares.

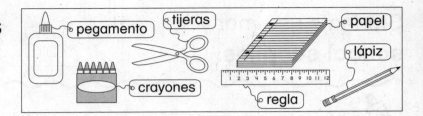

 Completa las oraciones.

1. Uso una ___regla_____ para medir.

2. Uso _____ para colorear.

3. Uso _____ para recortar.

4. Uso _____ para pegar.

5. Uso papel y un _____
   para escribir.

Name _____ Date _____

Farm Animals

Some animals live on a **farm**.

~~~~~~

 Color the animals that live on a farm.

rooster

fox

sheep

pig

horse

bear

On a sheet of paper, draw a picture of a farm. Cut out the animals you colored. Paste them on your drawing.

Animales de la granja

Algunos animales viven en una **granja**.

 Colorea los animales que viven en una granja.

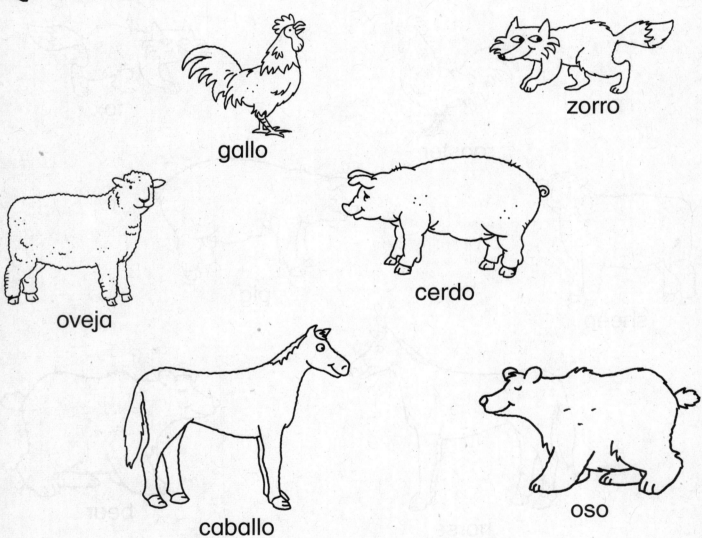

gallo

zorro

oveja

cerdo

caballo

oso

En una hoja de papel, haz un dibujo de una granja.
Recorta los animales que coloreaste. Pégalos en tu dibujo.

Zoo Animals

You can see many animals in a **zoo**.

 What are these zoo animals called? Draw lines.

1.  **A.** elephant

2.  **B.** monkey

3.  **C.** giraffe

4.  **D.** lion

Nombre _____ Fecha _____

Animales del zoológico

Puedes ver muchos animales
en un **zoológico**.

 ¿Cómo se llaman estos animales del zoológico?
Traza líneas.

I.

2.

3.

4.

A. elefante

B. mono

C. jirafa

D. león

Name _____ Date _____

People, Places, and Things

A baby is a **person**. A store is a **place**. A spoon is a **thing**.

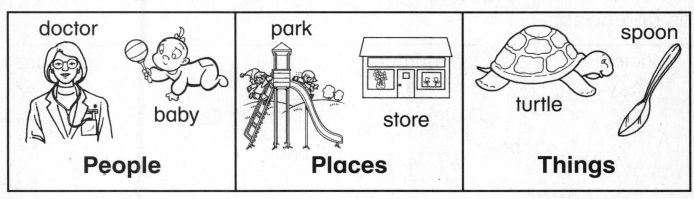

People	Places	Things
doctor, baby	park, store	turtle, spoon

 Does each picture show a person, place, or thing? Follow the directions.

1. Draw an X on each person.
2. Ring each place.
3. Draw a box around each thing.

beach

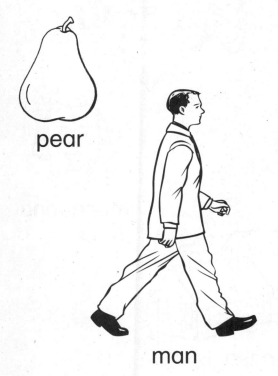

pear

chair

girl

man

house

People, Places, and Things
Bilingual Beginning Skills, SV 9781419099298

Personas, lugares y cosas

Un bebé es una **persona**. Una tienda es un **lugar**. Una cuchara es una **cosa**.

doctora

bebé

Personas

parque

tienda

Lugares

cuchara

tortuga

Cosas

 ¿Muestra cada dibujo una persona, un lugar o una cosa? Sigue las instrucciones.

1. Escribe una X̲ en cada persona.
2. Encierra en un círculo cada lugar.
3. Traza un cuadro alrededor de cada cosa.

playa

pera

silla

muchacha

hombre

casa

Personas, lugares y cosas
Bilingual Beginning Skills, SV 9781419099298

Answer Key

Page 3
1. Children ring the three ducks in the water.
2. Children ring the dog in the doghouse.

Page 4
1. Los niños encierran en un círculo los tres patos que están en el agua.
2. Los niños encierran en un círculo el perro que está en la casa.

Page 5
Children color the jack-in-the-box, the two small balls, and the two letter blocks.

Page 6
Los niños colorean la caja de resorte, las dos pelotas pequeñas y los dos bloques de letras.

Page 7
Children color the airplane, the cloud, and the bird.

Page 8
Los niños colorean el avión, la nube y el pájaro.

Page 9
1. Children ring the middle picture.
2. Children color the mole, the worm, and the three ants.

Page 10
1. Los niños encierran en un círculo el dibujo de en medio.
2. Los niños colorean el topo, la lombriz y las tres hormigas.

Page 11
1. Children draw an X on the flower.
2. Children draw an X on the net.
3. Children draw an X on the gloves.

Page 12
1. Los niños trazan una X en la flor.
2. Los niños trazan una X en la red.
3. Los niños trazan una X en los guantes.

Page 13
1. Check that children use the correct colors to color the pictures.
2. Check that children use the correct colors to color the sections of the picture.

Page 14
1. Compruebe que los niños usan los colores correctos para colorear los dibujos.
2. Compruebe que los niños usan los colores correctos para colorear las secciones del dibujo.

Page 15
1. Children circle the girl on the left. They write an X on the girl on the right.
2. Children circle the duck on the right. They write an X on the duck on the left.
3. Children circle the balloon on the left. They write an X on the balloon on the right.

Page 16
1. Los niños encierran en un círculo a la niña a la izquierda. Escriben una X en la niña a la derecha.
2. Los niños encierran en un círculo el pato a la derecha. Escriben una X en el pato a la izquierda.
3. Los niños encierran en un círculo el globo a la izquierda. Escriben una X en el globo a la derecha.

Page 17
1. closed   3. open
2. open

Page 18
1. cerrada   3. abierto
2. abierta

Page 19
1. Children draw a toy truck on the bottom shelf.
2. Children draw a toy sailboat on the top shelf.
3. Children draw a baseball on the middle shelf.

Page 20
1. Los niños hacen el dibujo de un camión de juguete en el estante de abajo.
2. Los niños hacen el dibujo de un velero de juguete en el estante de arriba.
3. Los niños hacen el dibujo de un béisbol en el estante de en medio.

Page 21
1. Children ring the bat.

2. Children ring the square.
3. Children draw a ball between the bear and the train.

Page 22
1. Los niños encierran el bate en un círculo.
2. Los niños encierran el triángulo en un círculo.
3. Los niños hacen el dibujo de una pelota entre el osito y el tren.

Page 23
1. B   2. C   3. D   4. A

Page 24
1. B   2. C   3. D   4. A

Page 25
1. Children color the apple without the leaf.
2. Children color the toy without the decoration.
3. Children color the butterfly without the spots on the lower wing.

Page 26
1. Los niños colorean la manzana a la que le falta la hoja.
2. Los niños colorean el juguete al que le falta el adorno.
3. Los niños colorean la mariposa a la que le faltan los lunares en las alas inferiores.

Page 27
1. Children draw an X on the mixing bowl, ring the boy taking the pie from the oven, and draw a box around the boy eating the pie.
2. Children draw an X on the complete snowman, ring the snowman starting to melt, and draw a box around the snowman that has melted.

Page 28
1. Los niños trazan una X en el tazón para mezclar, encierran en un círculo al niño que saca al pastel del horno y traza un cuadro alrededor del niño que come el pastel.
2. Los niños trazan una X en el muñeco de nieve completo, encierran en un círculo el muñeco de nieve que empieza a derretirse y traza un cuadro alrededor del muñeco de nieve derretido completamente.

Page 29
1. Children color the turtle on top green and the turtle on bottom yellow.
2. Children color big duck white and the baby duck yellow.
3. Children color the two adult dogs brown and the two puppies black.

Page 30
1. Los niños colorean de verde la tortuga de arriba y de amarillo la tortuga de abajo.
2. Los niños colorean de blanco el pato grande y de amarillo el patito.
3. Los niños colorean de color café los dos perros adultos y de negro los dos cachorros.

Page 31
1. C   2. A   3. D   4. B

Page 32
1. C   2. A   3. D   4. B

Page 33
Children paste the pictures in the following order: waking up, eating breakfast, getting on the bus.

Page 34
Los niños pegan los dibujos en el siguiente orden: despertarse, desayunar, subir al autobús.

Page 35
1. Children color the buildings on the left side of the street blue.
2. Children color the buildings on the right side of the street green.

Page 36
1. Los niños colorean de azul los edificios al lado izquierdo de la calle.
2. Los niños colorean de verde los edificios al lado derecho de la calle.

Page 37
1. 5   3. 2   5. 1
2. 4   4. 3

Page 38
1. 5   3. 2   5. 1
2. 4   4. 3

Page 39
1. Children color 7 trumpets.

2. Children color 6 flutes.

3. Children color 9 saxophones.

4. Children color 8 drums.

5. Children color 10 guitars.

Page 40

1. Los niños colorean 7 trompetas.

2. Los niños colorean 6 flautas.

3. Los niños colorean 9 saxófonos.

4. Los niños colorean 8 tambores.

5. Los niños colorean 10 guitarras.

Page 41

1. 12	3. 15	5. 11
2. 14	4. 13	

Page 42

1. 12	3. 15	5. 11
2. 14	4. 13	

Page 43

1. 18	3. 17	5. 16
2. 20	4. 19	

Page 44

1. 18	3. 17	5. 16
2. 20	4. 19	

Page 45

Children connect the dots to draw a boat.

Page 46

Los niños conectan los puntos para dibujar un barco.

Page 47

1. Children draw two circles on the side of the second wagon.

2. Children draw two ribbons on the bottom string of the second kite.

3. Children draw five dots on the second puppet.

Page 48

1. Los niños trazan dos círculos en el lado del segundo carretón.

2. Los niños trazan dos cintas en el cordón inferior de la segunda cometa.

3. Los niños trazan cinco puntos en el segundo títere.

Page 49

1. Children color the fourteen circles blue.

2. Children color the five rectangles red.

3. Children color the three squares yellow.

4. Children color the three triangles green (including the large one that forms the hat).

Page 50

1. Los niños colorean de azul los catorce círculos.

2. Los niños colorean de rojo los cinco rectángulos.

3. Los niños colorean de amarillo los tres cuadrados.

4. Los niños colorean de verde los tres triángulos (incluyendo el grande que forma el sombrero).

Page 51

1.–4. Answers will vary.

Page 52

1.–4. Las respuestas variarán.

Page 53

1.–2. Answers will vary.

Page 54

1.–2. Las respuestas variarán.

Page 55

1.–2. Answers will vary.

Page 56

1.–2. Las respuestas variarán.

Page 57

Children paste the pictures in the following order: planting seeds, swimming, raking leaves, building a snowman.

Page 58

Los niños pegan los dibujos en el siguiente orden: sembrar semillas, nadar, rastrillar las hojas, hacer un muñeco de nieve.

Page 59

1. M a r c h; A p r i l; M a y

2. J u n e; J u l y; A u g u s t

3. S e p t e m b e r; O c t o b e r; N o v e m b e r

4. D e c e m b e r; J a n u a r y; F e b r u a r y

Page 60

1. m a r z o; a b r i l; m a y o

2. j u n i o; j u l i o; a g o s t o

3. s e p t i e m b r e; o c t u b r e; n o v i e m b r e

4. d i c i e m b r e; e n e r o; f e b r e r o

Page 61

Children paste the days in the following order: Sunday, Monday, Tuesday, Wednesday, Thursday, Friday, Saturday.

Page 62

Los niños pegan los días en el siguiente orden: Domingo, Lunes, Martes, Miércoles, Jueves, Viernes, Sábado.

Page 63

1. B	3. E	5. C
2. D	4. A	

Page 64

1. B	3. E	5. C
2. D	4. A	

Page 65

1. arm	4. hand
2. fingers	5. leg
3. foot	6. toes

Page 66

1. brazo	4. mano
2. dedos	5. pierna
3. pie	6. dedos del pie

Page 67

1. D	2. C	3. A	4. B

Page 68

1. D	2. C	3. A	4. B

Page 69

1. taste	3. hear	5. touch
2. smell	4. see	

Page 70

1. probar	3. oír	5. tocar
2. oler	4. ver	

Page 71

Children ring milk, nuts, salad, fruits, and vegetables.

Page 72

Los niños encierran en un círculo la leche, nueces, ensalada, frutas y verduras.

Page 73

Children color the following things brown: car, horse, bicycle, man running. Children color the following things blue: hot-air balloon, airplane, helicopter. Children color the following things green: rowboat, sailboat, man swimming.

Page 74

Los niños colorean de color café las siguientes cosas: coche, caballo, bicicleta, hombre que corre. Los niños colorean de azul las siguientes cosas: globo aerostático, avión, helicóptero. Los niños colorean de verde las siguientes cosas: barca de remos, velero, hombre que nada.

Page 75

1. C	2. A	3. D	4. B

Page 76

1. C	2. A	3. D	4. B

Page 77

1. Children color the shorts, shirt, and shoes yellow.

2. Children color the coat, sweater, mittens, and cap brown.

Page 78

1. Los niños colorean de amarillo los pantalones cortos, la camisa y los zapatos.

2. Los niños colorean de color café el abrigo, el suéter, los mitones y la gorra.

Page 79

1. C	2. B	3. D	4. A

Page 80

1. C	2. B	3. D	4. A

Page 81

1. 1	2. 3	3. 1	4. 2

Page 82

1. 1	2. 3	3. 1	4. 2

Page 83

1. B	2. D	3. A	4. C

Page 84

1. B	2. D	3. A	4. C

Page 85

1. D	2. A	3. C	4. B

Page 86

1. D	2. A	3. C	4. B

Page 87

1. ruler	4. glue
2. crayons	5. pencil
3. scissors	

Page 88

1. regla	4. pegamento
2. crayones	5. lápiz
3. tijeras	

Page 89

Children color the pig, horse, rooster, and sheep.

Page 90

Los niños colorean el cerdo, caballo, gallo y oveja.

Page 91

1. C	2. D	3. B	4. A

Page 92

1. C	2. D	3. B	4. A

Page 93

1. Children draw an X on the girl and the man.

2. Children ring the house and the beach.

3. Children draw a box around the pear and the chair.

Page 94

1. Los niños escriben una X en la muchacha y en el hombre.

2. Los niños encierran en un círculo la casa y la playa.

3. Los niños trazan un cuadro alrededor de la pera y la silla.